Trovões

Thamires Soares

Mudança de Estado......................4

A Lua Deságua.......................6

Parte da Feira.......................7

Certas Doideiras........................ 10

A Bandeira da Paz..................... 12

Cobra.............................13

Sem Sentido............................ 16

Um Café para Começar.............. 18

Um Café para (Re)começar........22

Passa Tempo............................25

O Outro Lado da Escolha..........27

O Observar............................. 29

Dedico ao meu marido e à minha família.

Mudança de Estado

Minha terra tem cachoeiras,

Onde canta o sabiá;

As águas das pedreiras

São melhores que a do mar.

Nossa mina tem mais riqueza

Nossas igrejas mais ouro;

Nossas estradas mais vida,

Nossa vida mais tesouro.

Quando estou sozinha à noite,

Lembro de tudo que vivi lá:

Minha terra tem cachoeiras

Onde canta o sabiá.

Minha terra tem liberdade,

Que não encontro cá.

Quando estou sozinha à noite,

Lembro de tudo que vivi lá:

Minha terra tem cachoeiras

Onde canta o sabiá.

Não permita Deus que eu morra

Sem me banhar naquelas águas,

Sem que veja o jogo do galo e da raposa,

que não vejo cá.

A Lua Deságua

O rio que corre,

Sem pressa de chegar,

E a lua que tenta tocar o mar

São realidades paralelas.

Famoso por amar,

Atormenta-se e questiona:

"Por que o doce luar

Gostaria de se salgar

Em minhas profundezas?"

Sereno,

Fluindo devagar,

A lua não pode beijar,

porém, no atormentado,

Se delicia.

Pobre aluada,

Ficastes sozinha,

Bem de longinho...

...Admirando as ondas

De forma secreta.

Parte da Feira

Segunda feira de horrores,

Segunda parte de rumores.

Terça feira de terços,

Terça parte de berços.

Quarta feira de panos,

Quarta parte de enganos.

Quinta feira de harmonia,

Quinta parte de agonia.

Sexta feira de cesta,

Sexta parte de besta.

Sábado feira de congelados,

Sábado parte de embriagados.

Domingo feira de ressaca,

Domingo,

Parte sem rima.

Certas Doideiras

Certas doideiras

Não devem ser reprimidas

Dentro de um manicômio,

Às escondidas.

Certas e incertas,

Doideira? Certo?

Doideira certa?

Será brincadeira ou bobeira?

Casa de loucuras, minha gente,

Não, é diferente!

Carente, careta,

Pensamento distorcido

Feito um vetor perdido,

Em um espaço

Onde nada se encaixa,

Ambos se distanciam

Ao pé da igualdade.

A Bandeira da Paz

Poderia escrever sobre

As tristezas que a vida nos traz,

Sobre os fracassos e os descasos,

Ou apenas fingir estar em paz.

A bandeira branca que remete

A tantas cores,

Representa nossa amargura

E também nossos amores.

Todos que querem conforto

Se rendem

Ou levantam tal símbolo,

Sem saber que é fora dessa zona

Que encontramos abrigo.

Cobra

A cobra era grande,

se enroscava em meus sonhos,

deslizava no meu descanso,

quando a guarda abaixou.

De cores diferentes,

a cobra, cheia de dores,

me cobriu de razão,

depois foi-se embora

e eu caí sem empurrão.

Agora, por que choras?

Pela emoção, se cegou,

e assim, num deslize,

o bote não demorou.

O calor que ela sente,

você, que nada mente,

peçonhenta te abocanhou.

Com as presas afiadas,

te colocou em um toboágua,

para que, em seu ninho,

chegasse mais rápido.

Aos encantadores,

um ninho pode parecer fértil,

bonito e bem trabalhado.

Inclusive, alguns se aproveitam

também para se enroscar,

cobrando-se em terras prometidas.

A cobra na nossa mente

pode até fazer morada,

de emboscada se alimentar.

Deixa marcas

ou passa despercebida?

Uma cobra que se preze

rasteja de forma ligeira,

sempre atenta aos que a rodeiam,

não aceita troca, além de sua pele.

Sem Sentido

Se todos os sonhos

Fossem realizados,

Eu tocaria as nuvens,

Solos de guitarra,

Só para ver se me esperava

Em um ponto de ônibus

Ou em qualquer parada.

No portão da sua casa,

Eu te gritava.

Nas encruzilhadas,

Você foi o único

Caminho que encontrei.

Pena! Apenas sonhava...

Até aprenderia melodias,

Legais e pesadas,

Mas meu vetor

Não segue o seu sentido.

Um dia aprendo!

Quem sabe assim

Você siga o meu.

Um Café para Começar

Uma linda e trágica história

Pode começar com um café,

Falo de um café forte,

Com uma pitada de açúcar,

Ou um bloquinho de rapadura,

Recém coado,

Para atiçar os nervos

E deixar qualquer ansioso

Ligado no 220.

Café não é só bebida,

É combustível da vida,

E Julieta sabia,

Mais do que ninguém,

A diferença que uma xícara

Do pretinho fazia.

Moça de pele parda,

Cabelos ondulados,

Nem gorda, nem magra,

Com olhos de amêndoa,

Vivendo na amargura

De sonhar que o mundo

Poderia ser diferente.

Ah, pequena Julieta,

Tão sonhadora e perturbada,

Sua mente nunca se calava.

Logo pela manhã,

Já passava seu café,

Escolhia três biscoitos

E seguia pela cidade

Em busca de "ser alguém".

Mas o que é ser alguém?

Um termo amplo, simples,

Que ela jamais entendeu.

Então, escrevia em sua lista

Tudo o que poderia fazer,

No dia seguinte,

Ou daqui a três ou cinco anos.

Com uma imensa lista de afazeres,

Um copo de água,

E um comprimido,

Agora Julieta não sente mais

O aroma de seu café,

Só segue a vida

Em busca de seu ser.

Um Café para (Re)começar

"Vou conseguir", "Não vou ficar triste",

"Levante!" — virando-se para um lado.

"Mas será que sirvo para isso?"

"Já errei, não posso mais vacilar."

"Calma, todos têm direito ao erro" — virando-se para o outro lado.

"É... pensando bem, esse é grave"

Fica de bruços:

"E se eu não acordar a tempo?"

"Fui clara sobre aquele trabalho?"

"Fui simpática demais?"

"Vou me levantar sem expectativa..." — olhando para o teto escuro.

Cheia de questionamentos,

Arrastando-se pela casa

Com seu chinelo,

Ela foi logo para a cozinha.

Mediu dois copos de água,

Acendeu o fogo.

Na bancada da pia,

O coador já estava limpo,

No suporte sobre a garrafa térmica,

Faltando apenas duas colheres de pó.

A água borbulhava,

E seu olhar fixava-se nas mini-explosões,

Sem ao menos uma piscadinha.

Por segundos,

os pensamentos se afastaram,

E apenas o vazio de uma manhã

de domingo reinava.

Enquanto a água passava pelos

poros do coador,

O que explodia eram os pensamentos

de Julieta,

Tentando, em silêncio, se aquietar.

Passa Tempo

Sempre quis falar sobre o tempo,

Contar horas de palavras bonitas,

E, quem sabe, esquecer

Que a vida é dura.

Sempre quis escrever sobre o tempo,

Rimar tempo com tormento,

E, quem sabe, viver

Uma vida menos doída.

Sempre quis parar o tempo,

Filosofar sobre questões que

Não entendo e, por fim,

O tempo passar.

Sempre quis dominar o tempo,

Entender o presente sem medo

E, quem sabe, ter

Um pouco de paz.

Sempre quis deixar o tempo,

Sem pressa de alcançar o amanhã,

Sumir no espaço, sem ter

O que alcançar.

O Outro Lado da Escolha

O outro lado da moeda

É muito fácil distinguir,

Difícil mesmo é apostar

Num dos lados,

Sem saber qual vai cair.

Um lado da escolha

Sempre será a sua cara,

No verso, as hipóteses,

Às vezes, a escolha errada.

No outro lado da escolha

Mora a incerteza,

Nossa coroa de espinhos

Ou a de realeza.

A moeda que gira é o tempo

Que leva para a consequência,

E o dorso da mão esconde

O que não podemos mudar.

O Observar

Com os pés descalços

e a curiosidade no caminhar,

viviam os seres humanos,

desde os primórdios, o céu a observar.

Pontos brilhantes e tão distantes,

que as lentes naturais

não podiam alcançar.

O que faria o ser humano

para esses pontos desvendar?

Ano após ano,

com nossa complexidade de ser,

algumas mentes ousaram

o mundo começar a descrever.

Lá em Pisa, no século XVII,

a luneta astronômica nasceu,

um de nossos artifícios

aprimorados por Galileu.

Não só as estrelas precisávamos

focalizar,

mas também as pequenas letras de um

papel,

até o que nos torna

como uma poeira estelar.

Uma gotícula de água, por Anton,

foi investigada,

revelando um mundo novo

que ninguém imaginava.

Com um conjunto de lentes,

o holandês, focou os raios de luz,

chamando de microscópio,

que ao pequeno universo nos conduz.